Christine Günter

Psalmen sind wie Sterne...

GRIN Verlag

Bibliografische Information der Deutschen Nationalbibliothek:

Die Deutsche Bibliothek verzeichnet diese Publikation in der Deutschen National-
bibliografie; detaillierte bibliografische Daten sind im Internet über http://dnb.d-
nb.de/ abrufbar.

Impressum:

Copyright © 2011 GRIN Verlag, Open Publishing GmbH
Druck und Bindung: Books on Demand GmbH, Norderstedt Germany
ISBN: 978-3-656-12279-1

Dieses Buch bei GRIN:

http://www.grin.com/de/e-book/188499/psalmen-sind-wie-sterne

Psalmen sind wie der Sternenhimmel: Je länger man hinsieht,

desto mehr entdeckt man.

(Autor unbekannt)

Seminarkurs Mathematik zum Anfassen trifft Astronomie

Kolping-Kolleg
Stuttgart

vorgelegt von
Christine Günter

12/2

Stuttgart 2011

Inhaltsverzeichnis

Einleitung

Vor einiger Zeit durfte ich bei der Planung und Mitgestaltung einer Vertonung von Psalmen und dazu passenden Prosatexten sowie einzelnen Psalmausschnitten mitwirken. Die Vorbereitung war langwierig aber letztendlich fruchtbar. Zum zentralen Thema der Gesamtaufnahme wählten wir die Psalmen. Nach Fertigstellung des Programms wurde das Cover unserer CD mit dem Zitat: *„Psalmen sind wie der Sternenhimmel: Je länger man hinsieht, desto mehr entdeckt man"*, versehen. Dabei interessierte ich mich schon vor diesem Projekt für das biblische Buch der Psalmen. Nun war mein Interesse mehr denn je für diese geweckt worden. Da allein das Lesen der Psalmen nicht genügt, entschloss ich mich im Rahmen meiner Seminararbeit für eine ausführlichere Befassung mit der Kunst dieser Dichtung. Ich habe mich für den Seminarkurs: Mathematik zum Anfassen mit dem Schwerpunkt Astronomie bzw. „Augen im All" entschieden. Dabei sind die Psalmen auf den ersten Blick nicht wirklich in diese Thematik einzuordnen. Dennoch haben beide Themenbereiche etwas gemeinsam, nämlich die Herangehensweise an die Materie. Um Nutzen aus der Astronomie ziehen zu können, bedurfte es hunderte von Jahren der Erforschung des Weltalls. Heute bestaunen wir all jene Menschen, die sich trotz persönlicher Gefahrenlage motiviert durch ihr großes Interesse, dieser naturwissenschaftlichen Forschungen in Geduld und Kampf gegen die Kirche hingaben. Und das mit Erfolg für die gesamte Naturwissenschaft und dem Auftrag zum „Weiterforschen" für die Menschheit!

Ebenso wie die Geschichte der Astronomie fasziniert mich die Dichtkunst der Psalmen, denn auch diese konnten im Laufe der Jahrhunderte mehr und mehr in ihrer Bedeutung erfasst werden. Heute kann sie als vollständiges Buch gelesen, gedeutet, bewertet ja vor allem auch persönlich als Trost und Ermutigung angewendet werden. Der Titel soll hiermit das Wunderwerk der Natur, insbesondere das Weltall, welches auch oft von den Psalmisten bewundert wurde und zur Inspiration des Gebets anregte, mit dem Thema der religiösen Dichtung vereinen.

Leider musste ich meine Arbeit stark eingrenzen, da sie sonst den gegebenen Rahmen gesprengt hätte. Bewusst gehe ich nicht auf die kritisch- historische Methode der Theologie ein. Denn ich betrachte die Psalmen als Kunstwerke ihrer Zeit auch für unsere Zeit gültig,- wenn auch manchmal anders fungierend, als eine *„wertvolle Entdeckung"*. In diesem Sinne werde ich im ersten Kapitel grob auf die Form, Sprache und Geschichte der Psalmen in ihrer Bedeutung und Entstehung eingehen. Dabei werde ich immer wieder Zitate zur Untermauerung mit einfließen lassen. Im Zweiten Kapitel gehe ich zum Einen auf die erfüllte Prophetie des Messias als die *„Große Entdeckung"* ein. Dabei beschränke ich mich auf den Freundesverrat und die Kreuzigung des Messias. Zum anderen werde ich die im Ersten Kapitel angekündigte Aktualität der Psalmen weiter ausführen und mit der neutestamentlichen Sichtweise des Apostels Paulus abschließen.

1. Kap. DIE BEDEUTUNG DER PSALMEN

„Wie sind diese Psalmen erfüllt mit dem Lobpreis Gottes! Alle Tasten der Schöpfung, der Vorsehung und der Erlösung werden von der entzückten Seele zum Klingen gebracht; und Himmel und Erde, Meer und Wolken, belebte und unbelebte Dinge werden aufgeboten, um den Herrn zu preisen. "

Graham Scroggie [1]

Nach mehrmaligem Lesen der Psalmen muss man der Schlussfolgerung Scroggies völlig Recht geben. Trotz der Komplexität der biblischen Texte, sind sie jedermann in Sinn und Bedeutung zugänglich. Dennoch sollte man zur Vertiefung dieser genügend Zeit für das Studium einräumen. Nur so erhält man einen persönlichen Einblick in die Dichtkunst der Psalmisten.

Die Bedeutung des Wortes „Psalm" stammt aus der griechischen Textüberlieferung und kommt von *psalmos*, welches in Verbindung mit Musik als Begleitung von Streichinstrumenten gebraucht wurde. Im Hebräischen ist das Buch der Psalmen von dem Wort „Preislied" abgeleitet. Dabei wurde dieser Begriff zusammenfassend auch für einige Gedichte, die man unter der Überschrift *miktam* vermutete verwendet. Zudem werden fünf Psalmen unter dem Titel *pillah* als Gebete und ein Psalm als Lobpreis, nämlich *hillah* hinzugerechnet. [2]

David, der zweite König von Israel, dichtete vermutlich dreiundsiebzig Psalmen, die größten Teil der Sammlung darstellen. Diese beschreiben dem Leser das Leben des Psalmisten über einen längeren Zeitraum, da dieser viele der persönlichsten Anliegen seines Lebens schriftlich festgehalten hat. Ein Grund dafür warum er dies tut, ist seine besondere Beziehung zu Gott. Anlass sind viele schwierige Lebenssituationen, in denen er Gottes Nähe in Form von intensivem Gebet gesucht hat, die dann als Psalmen Eingang in das Buch der Psalmen gefunden haben. Die einzigartige Gottesbeziehung verhalf ihm zu wunderbaren Siegen über seine Feinde, was David in seinen Lobeshymnen darstellt. [3] Aber auch er war von menschlichen Fehlern behaftet und beging Sünde, diese bekannte er vor seinem Herrn in einem seiner heute berühmtesten Psalmen, dem Buß-

---

[1] MacDonald William: BBC- Believer´s Bible Commentary - Old Testament. 1992
Deutsch: Kommentar zum alten Testament. Bielefeld 2005, S. 535
[2] Zuck Roy F. / Walvoord John F. (Hrsg.): The Bible Knowledge Commentary. 1985
Deutsch: Das alte Testament erklärt und ausgelegt. Neuhausen- Stuttgart 1991, S.387ff.
[3] Genfer Bibelgesellschaft: Schlachter- Bibel. Genf 2003, Psalm 55

psalm 51.[4] Bis zu seinem Lebensende stand er in regem Kontakt zum Gott Israels. Diese Beziehung ist von einer ehrfürchtigen Haltung in tiefem Vertrauen und immer wieder neu gefundenem Frieden vor seinem Schöpfer gekennzeichnet.[5]

Weitere zwölf Psalmen stammen von dem Dichter Asaph, zehn Psalmen von den Söhnen Korach, zwei von Salomo, sowie je ein Psalm von Mose, Etan, Herman und Esra. Die Verfasserschaft der übrigen Psalmen ist unbekannt.[6]

Einleitend kann man sagen, dass der Grundtenor aller 150 Psalmen der Ruhm über das Wesen Gottes, sowie seiner Absicht mit dem Universum und den Menschen ist. Demnach sind Psalmen auch Antworten auf Gottes aktives Handeln und nicht Worte Gottes, zu den Menschen gerichtet, wie man sie den meisten Büchern der Bibel entnehmen kann. Bei der Anbetung Gottes wird immer wieder für das Gesetz des Herrn gedankt. Damit sind die zehn Gebote gemeint, die Grundlage und Wegweiser für ein erfülltes Leben sind.[7] Die Psalmen stammen aus verschiedenen Epochen der Geschichte Israels. Man kann den Zeitraum auf ungefähr 1400 bis 400 v. Chr. datieren. In dieser Zeit lebten Männer Gottes von Mose bis Esra.[8]

Ein besonderes Merkmal der Psalmen ist ihre einzigartige Form und Sprache. Diese sind der religiösen lyrischen Poesie zuzuordnen und werden meist in Begleitung von Saiteninstrumenten oder in Kombination von Instrumenten wie Zimbeln, Tamburine und Blasinstrumente, gesanglich vorgetragen.[9]

Beim Lesen dieser Dichtungen erkennt man nicht sofort ein geordnetes Gedankenmuster. Es scheint oft, als gebe es keinen inhaltlichen Zusammenhang der Verse, sondern nur eine Abfolge von Feststellungen des Dichters, welche hin und wieder von einer unerwarteten Wendung im Handlungsverlauf geprägt sind. Auch verschleiern ungewohnte Ausdrucksformen dem Leser die Bedeutung.[10] Unter Berücksichtigung von Stilistik und Form der Sprache ergeben sich jedoch inhaltliche Zusammenhänge. Nicht zuletzt sind

---

[4] Genfer Bibelgesellschaft: Schlachter- Bibel. Genf 2003, Psalm 51

[5] Ebd. Psalm 139

[6] Ebd. Psalm 1- 150

[7] Ebd. Psalm 138

[8] MacDonald William: BBC- Believer's Bible Commentary - Old Testament. 1992
   Deutsch: Kommentar zum alten Testament. Bielefeld 2005, S. 536

[9] Zuck Roy F. / Walvoord John F. (Hrsg.): The Bible Knowledge Commentary. 1985
   Deutsch: Das alte Testament erklärt und ausgelegt. Neuhausen- Stuttgart 1991, S 390

[10] MacDonald William: BBC- Believer's Bible Commentary - Old Testament. 1992
   Deutsch: Kommentar zum alten Testament. Bielefeld 2005, S. 535

für das Verständnis die Einbeziehung von historischen und kulturellen Hintergrundinformationen, sowie der Gebrauch von religiöser Sprache maßgebend. Die hebräische Dichtkunst ist für Ihre Parallelismen und Sinnreime bekannt. Im Vergleich zur deutschen Sprache reimt sich nicht Wortklang auf Wortklang, sondern Wortsinn auf Wortsinn.[11] Ein Beispiel für den Sinnreim findet man in Psalm 103,1:

„Lobe den Herrn meine Seele, und was in mir ist, seinen heiligen Namen

=> Herr = Sein heiliger Name; meine Seele = was in mir ist"[12]

Parallelismen beinhalten mindestens zwei Halbverse, die sich ergänzen. Es gibt drei Hauptarten von Parallelismen:

„1. Dasselbe wird mit anderen Worten nochmals gesagt (Synonymer Parallelismus):

HERR, höre meine Worte

merke auf mein Reden. *(Psalm 5,2)*

2. Der zweite Satz sagt das Gegenteil des ersten (Antithetischer Parallelismus):

Der HERR richtet die Elenden auf

und stößt die Gottlosen zu Boden. *(Psalm 147,6)*

3. Der zweite Satz führt den ersten fort (Synthetischer Parallelismus):

Du bist gütig und freundlich

lehre mich Deine Weisungen. *(Psalm 119,68)"*[13]

Die in Strophen gegliederten Psalmen sind von wiederholenden Kehrversen gekennzeichnet. Der ursprüngliche Rhythmus im Hebräischen jedoch ist durch die Überlieferungen teilweise verändert worden und somit für die heutige Betrachtung nicht von wesentlicher Bedeutung.[14]

Einige Psalmen haben einen alphabetischen Aufbau, das so genannte *Akrostichon.* Dabei wird der Anfangsbuchstabe jeder Strophe der Reihenfolge nach mit den Buchstaben des hebräischen Alphabets versehen.[15]

Weitere Elemente der Psalmdichtung sind der Gebrauch von Alltagsbildern, Symbolen und Figuren aus der hebräischen Dichtkunst. Das Volk Israel war viele Jahre ein Nomadenvolk mit eigenen Viehherden und führte später beim Sesshaft werden viele Erobe-

---

[11] Tischner Heinrich: http://www.heinrich-tischner.de/21-th/2bibel/exegese/psalm/psalm1.htm (abgerufen am 21. 04. 2011)

[12] Ebd.

[13] Ebd.

[14] Ebd.

[15] Zuck Roy F. / Walvoord John F. (Hrsg.): The Bible Knowledge Commentary. 1985
Deutsch: Das alte Testament erklärt und ausgelegt. Neuhausen- Stuttgart 1991, S 390

rungskriege. Deshalb finden sich viele bildhafte Schilderungen dieser Situationen, gekoppelt mit Gefühlen, die während bestimmten dramatischen, aber auch in triumphierenden Ereignissen empfunden wurden. *„Weil die Wahrheit in Wortgemälden ausgedrückt wird, ruft sie im Leser das Gefühl hervor, das der Dichter hatte, als er die Zeilen schrieb. Sie erwecken [...]die gefühlsmäßige Bedeutung der Worte ebenso wie ihre intellektuelle Bedeutung.* "[16]

Helmer Ringgren meint, dass die Klagepsalmen *„nicht das Erleben eines einzelnen beschreiben, wohl aber seine Not und Verzweiflung in typische, allgemeinverständliche Worte fassen, [welche]sein Leiden zu verstehen [helfen] und ihm zeig[en], wie er [sich] Hilfe erlangen kann[.]* "[17]

Eines der immer wieder kehrenden Symbole ist das *Fangnetz*, welches als Angriff des Bösen auf den Betroffenen verstanden werden kann.[18] Hierbei handelt es sich auch um die persönliche Auseinandersetzung mit ethischen Fragen, aus deren Verantwortung man sich vor Gott nicht entziehen kann. Weiter findet man auch praktische Aufforderungen, wie man sich in der Versammlung, das heißt im Gottesdienst vor dem Allmächtigen in rechter Weise verhalten soll. Denn letztendlich wird durch intensives Studieren der Psalmen, aber auch des gesamten Alten Testamentes klar, dass der wahre Dienst eines an Gott Glaubenden in der Anbetung liegt.[19]

Nach der allgemeinen Betrachtung der Psalmen kann man die schöpferischen Psalmisten bewundern, die mit ihrer Dichtung den Inhalt durch ihre Kunst nicht nur aufgewertet haben, sondern auch eine Harmonie hervorbringen, die das Spiegelbild des Göttlichen Wesens mit der menschlichen Schwachheit in Einklang bringt.[20]

---

[16] Zuck Roy F. / Walvoord John F. (Hrsg.): The Bible Knowledge Commentary. 1985
    Deutsch: Das alte Testament erklärt und ausgelegt. Neuhausen- Stuttgart 1991, S. 388

[17] Motyer J. Alec / Guthrie Donald (Hrsg.): The New Commentary Revised. Leicester, England 1970
    Deutsch: Brockhaus Kommentar zur Bibel 2. Wuppertal 1980, S. 538

[18] Genfer Bibelgesellschaft: Schlachter- Bibel. Genf 2003, Psalm 141

[19] Motyer J. Alec / Guthrie Donald (Hrsg.): The New Commentary Revised. Leicester, England 1970
    Deutsch: Brockhaus Kommentar zur Bibel 2. Wuppertal 1980, S. 542

[20] Ebd., Psalm 147

2. Kap. DIE GRÖSSTEN ENTDECKUNGEN DER PSALMEN

2.1 Die Messianische Prophetie

Um die messianischen Prophezeiungen erkennen und einordnen zu können, muss man das Alte sowie auch das Neue Testament eingehend studieren, da Prophezeiungen oft eine doppelte Bedeutung haben. Beschränkt auf die Psalmen gibt es in dieser religiösen Lyrik die persönliche Ebene des Dichters, welche oft einen allgemeingültigen Charakter aufweist und somit bedeutungsvolle Parallelen für viele Leser ergibt. Im Gegensatz dazu findet man die heilsgeschichtliche Ebene vor, welche die einzigartige Stellung des Messias beleuchtet.

Nach vielen Jahrhunderten kann man rückblickend sagen, dass die Psalmisten als Botschafter Gottes auch prophetische Aufgaben durch Führung der Person Gottes, dem heiligen Geistes erfüllt haben. *„Denn niemals wurde eine Weissagung durch menschlichen Willen hervorgebracht, sondern vom Heiligen Geist getrieben haben die heiligen Menschen Gottes geredet.“*[21] Dabei ist und bleibt das Wirken des Heiligen Geistes ein Geheimnis, auf das auch Paulus hinweist.[22] Er analysiert das Verhalten des Heiligen Geistes, indem er von ihm als die führende und ergänzende Person Gottes spricht, welche den Heiligen Gottes in ihrer Unvollkommenheit zur Hilfe eilt und sie vor Gott im Gebet vertritt.[23] Demnach kann man die Psalmen als vom Heiligen Geist abgerundete Dichtung bezeichnen. Selbst die Dichter in ihrer Frömmigkeit wussten nicht um den vollkommenen Heilsplan Gottes. Aber in ihrem frommen Bestreben Gott mit allen Mitteln zu verherrlichen, erhört der Allmächtige sie indirekt durch das Wirken seines Heiligen Geistes, indem er ihnen Vorausdeutungen auf das Kommen des Messias und dessen Wirken, sowie Details über seine letzten Stunden auf der Erde in den Mund legt. Dabei wird nicht nur die Person des Messias als Gottes Sohn angekündigt: *„Denn zu welchem von den Engeln hat er jemals gesagt: »Du bist mein Sohn; heute habe ich dich ge-*

---

[21] Genfer Bibelgesellschaft: Schlachter- Bibel. Genf 2003, 2. Petrus 1, 21

[22] Lamparter Helmut: Das Buch der Psalmen I. Stuttgart 1961, S. 22

[23] Genfer Bibelgesellschaft: Schlachter- Bibel. Genf 2003, Römer 8, 26

zeugt«?[24], sondern auch sein göttlicher Charakter. Dieser zeichnet ihn als Messias aus und hebt ihn gleichzeitig auf die Ebene Gottes. *„Dein Thron, o Gott, bleibt immer und ewig; Das Zepter deines Reiches ist ein Zepter des Rechts! Du liebst die Gerechtigkeit und haßt die Gesetzlosigkeit, [d]arum hat dich, o Gott, dein Gott gesalbt [m]it Freudenöl, mehr als deine Gefährten.“*[25]

Jesus selbst zitiert und argumentiert mit den alten Psalmen in seinen Reden zum Volk Israel, insbesondere, wenn er auf die Streitgespräche mit den seine Gottessohnschaft leugnenden Juden eingeht.[26] *„Ihr erforscht die Schriften, weil ihr meint, in ihnen das ewige Leben zu haben; und sie sind es, die von mir Zeugnis geben.“*[27]

Zentrale Bedeutung der Messianischen Prophetie sind die Geburt Jesu, sein Lebenswandel, der Tod und die Auferstehung im Hinblick auf die metaphysische Bedeutung seiner Person selbst.

Alle Ankündigungen über den Tod Jesu haben sich der Bibel nach detailgetreu erfüllt. So wird der Freundesverrat des Jüngers Judas an Jesus in Psalm 41 erwähnt. Christus selbst zitiert den Palm Davids, indem er zu seinen Jüngern nach dem letzten Passahmahl und der demütigen aber freundschaftlichen Geste des Fußwaschens spricht: *„ Doch muß die Schrift erfüllt werden:»Der mit mir das Brot ißt, hat seine Ferse gegen mich erhoben«. Jetzt sage ich es euch, ehe es geschieht, damit ihr glaubt, wenn es geschehen ist, daß ich es bin.“*[28] Dabei nimmt Jesus gezielt nur auf die zweite Hälfte des zehnten Verses in Psalm 41 Bezug. Denn wenn David von dem Verrat eines Freundes spricht, so weist er auf das vorherige Vertrauensverhältnis des Betrügenden mit dem Verratenen hin. Jesus hingegen als Gottes Sohn in seiner Allwissenheit wusste die Absicht Judas schon zu Beginn seiner Jüngerschaft.[29]

Psalm 22 ist ein weiterer Psalm Davids, der als Klage formuliert ist. Es enthält dieser Klagepsalm viele Anhaltspunkte, welche Parallelen zwischen dem Leid Davids und dem Kreuzestod Jesu aufweisen. Die insgesamt 32 Verse dieses Psalms, lassen sich in

---

[24] Genfer Bibelgesellschaft: Schlachter- Bibel. Genf 2003, Hebräer 1, 5

[25] Ebd. Psalm 45, 7-8

[26] Bradfort Bill: http://www.gutenachrichten.org/PDF/IN/in200506.pdf (abgerufen am 4. Juni 2011)

[27] Genfer Bibelgesellschaft: Schlachter- Bibel. Genf 2003, Johannes 5, 39

[28] Genfer Bibelgesellschaft: Schlachter- Bibel. Genf 2003, Johannes 13, 18b-19

[29] MacDonald William: BBC- Believer's Bible Commentary - Old Testament. 1992
Deutsch: Kommentar zum alten Testament. Bielefeld 2005, S. 604

drei Strophen gliedern.[30] Die Erste Strophe (Verse 2- 12) beschreibt den einleitenden Schmerzensschrei des sich in Not und Leiden Befindenden. Dabei ist der Ausdruck *„Mein Gott, mein Gott, warum hast du mich verlassen?"*[31] ein hilfloser Aufschrei einer Person, die *„ die Spannung fast unerträglich [findet]"*[32] aber dennoch im Glauben den Gott, der über Leben und Tod steht, mit einer Frage um Antwort anfleht. Diese Worte verwendet auch Jesus am Ende seiner Kreuzesleiden (Mathäus 27, 46; Markus 15, 34). Der Hilferuf in diesem Psalm ist deshalb so jämmerlich, weil der Betende sich von Gott verlassen fühlt. Unter dieser, für ihn als sehr groß empfundenen Not mischt sich die Qual durch das Verspotten der ihn Umringenden. Sie verschmähen ihn und fordern ihn spottend zum Vertrauen auf den Herrn auf: *„Er hat auf Gott vertraut; der befreie ihn jetzt, wenn er Lust an ihm hat;"*[33] mit dem Unterschied zu dem neunten Vers aus dem Psalm, spricht das Volk in der vollendeten Vergangenheitsform und stellt dabei seine göttlichen Beziehung zu Gott in Frage.

Die zweite Strophe (Verse 13- 22) umschreibt die zunehmende Spannung der physi- schen und geistigen Qual des Betroffenen. Dabei ist die Haltung des Leidenden von großer Angst geprägt und geht auf die spezielle Parallele des Kreuzesstodes von Jesu ein. Denn zur Zeit der Römer wurde das Kreuz nachdem der Verurteilte an das Holz geheftet worden war in ein spezielles Loch gestoßen. Bei diesem Aufprall wurden die Gelenke des Körpers ausgerenkt. Diese außergewöhnliche Handhabung, damaliger Kreuzeshinrichtungen wird im 15.Vers ausgesprochen:[34] *„Ich bin ausgeschüttet wie Wasser, [u]nd alle meine Gebeine sind ausgerenkt."*[35]

Zur Todesangst und der unendlichen Ohnmacht kommen die wilden Tiere hinzu. Diese umrunden den Mann des Todes und reißen ihre Mäuler vor ihm auf. Es gibt unter- schiedliche Auslegungen, was die Deutung dieser wilden Tiere angeht. William McDo-

---

[30] Lamparter Helmut: Das Buch der Psalmen I. Stuttgart 1961, S.117

[31] Genfer Bibelgesellschaft: Schlachter- Bibel. Genf 2003, Psalm 22, 2

[32] Motyer J. Alec / Guthrie Donald (Hrsg.): The New Commentary Revised. Leicester, England 1970
Deutsch: Brockhaus Kommentar zur Bibel 2. Wuppertal 1980, S. 558

[33]Genfer Bibelgesellschaft: Schlachter- Bibel. Genf 2003, Matthäus 27, 43a

[34] Fruchtenbaum Arnold G.: Das Leben des Messias Zentrale Ereignisse aus jüdischer Perspektive. Hünfeld 2010, S. 116

[35] Genfer Bibelgesellschaft: Schlachter- Bibel. Genf 2003, Psalm 22, 15

nald meint, dass diese *„großen Stiere[] aus Baschan"*[36] welche als Tiere auf dem Weideland am Jordan im heutigen Palästina vorkommen, symbolisch für das Volk Israel stehen, welches den Messias nicht anerkennen will, sondern ihn vernichten möchte. Weitere Parallelen sind die in Vers 17 erwähnten Hunde, die im jüdischen Wortgebrauch oft als Bezeichnung für die Heiden verwendet werden. Dies könnte für die römischen Soldaten stehen. Diese waren es, die Jesus an das Kreuz geheftet hatten. Dieser Sachverhalt wird im 17. Vers deutlich:[37] *„Denn Hunde umringen mich, [e]ine Rotte von Übeltäter umgibt mich; Sie haben meine Hände und meine Füße durchgraben."*[38]

Dann nehmen sich die Soldaten vor, das von Gewand Jesu unter sich aufzuteilen. Johannes, einer der Evangelisten greift diese in Erfüllung gegangene Prophetie auf: *„[D]amit die Schrift erfüllt würde, die spricht:* »Sie haben meine Kleider unter sich geteilt und über mein Gewand das Los geworfen«. *Dies nun taten die Kriegsknechte."*[39]

Nachdem der Psalmist im 22. Vers ein letztes Mal um Errettung aus der Situation bittet, tritt nun ein Wendepunkt ein. Die restlichen Verse stellen die dritte Strophe dar. Unerwartet aber hoffnungsvoll bricht der Dichter in Dank vor Gott aus. Dies ist ein starker Gegensatz zu den vorherigen Versen. Mann kann die Wendung als von Gott eingegebene Vision verstehen. Denn in den folgenden Versen wird Gott die Ehre gegeben; ihm wird die Macht zur Rettung zugesprochen, nicht allein über das Volk Israel, sondern auch über die restlichen Völker der Erde: *„Denn das Königreich gehört dem HERRN, [u]nd er ist Herrscher über die Nationen."*[40] David erhält plötzlich die Gewissheit der Errettung durch Gottes Eingreifen, darum lobt er Gott und möchte seine neue Erfahrung auch anderen Elenden weitergeben.[41] Trotz aller Erklärungen bleibt diese von David umschriebene Erkenntnis stückweit ein Geheimnis der Selbsterfahrung, das nicht mit der Vernunft begriffen werden kann.[42] Abschließend werden der Kreuzestod und die

---

[36] MacDonald William: BBC- Believer´s Bible Commentary - Old Testament. 1992
      Deutsch: Kommentar zum alten Testament. Bielefeld 2005, S. 568

[37] Ebd.

[38] Genfer Bibelgesellschaft: Schlachter- Bibel. Genf 2003, Psalm 22, 17

[39] Ebd. Johannes 19, 24

[40] Ebd. Psalm 22, 29

[41] Motyer J. Alec / Guthrie Donald (Hrsg.): The New Commentary Revised. Leicester, England 1970
      Deutsch: Brockhaus Kommentar zur Bibel 2. Wuppertal 1980, S. 559f

[42] Lamparter Helmut: Das Buch der Psalmen I. Stuttgart 1961, S.121f

Auferstehung von Jesus im Neuen Testament als Sieg und Wendung der Menschheit beschrieben.

Bemerkenswert sind die letzten Worte des 22. Psalms: *„Sie werden kommen und seine Gerechtigkeit verkündigen [d]em Volk, das geboren wird, daß er es vollbracht hat. "*[43] Hier finden sich Jesu letzte Worte wieder. Im Johannes- Evangelium werden diese auf-gegriffen: *„Als nun Jesus den Essig genommen hatte, sprach er: Es ist vollbracht! Und er neigte das Haupt und übergab den Geist. "*[44] Mit der Vollendung wird auf die ewige Hoffnung auf ein zukünftiges Leben hingedeutet. Diese wird als Vorahnung von David aufgenommen, indem er es im 32. Vers von Generation zu Generation weiterverkünden lässt.[45]

2.2 Die Aktualität der Psalmen

„Da siehest du allen Heiligen ins Herze, wie in schöne, lustige Gärten, ja wie in den Himmel, wie feine, herzliche, lustige Blumen darinnen aufgehen von allerlei schönen, fröhlichen Gedanken gegen Gott und seine Wohltat. Wiederum, wo findest du tiefer, kläglicher, jämmerlicher Wort von Traurigkeit, denn die Klagepsalmen haben? Da siehst du abermal allen Heiligen ins Herze, wie in den Tod, ja wie in die Hölle. Wie finster und dunkel ist's da von allerlei betrübtem Anblick des Zorns Gottes! Also auch, wo sie von Furcht und Hoffnung reden, brauchen sie solcher Worte, daß dir kein Maler also könnte die Furcht oder Hoffnung abmalen, und kein Cicero oder Redkundiger also fürbilden. "[46]

Martin Luther

Wie schon bei Helmer Ringgren erwähnt, sagen die Psalmen in erster Linie etwas All-gemeingültiges über das Wesen Gottes, sowie über Situationen des menschlichen Le-bens und deren Bewältigung aus. Dabei werden biblische Wahrheiten über die Psalm-dichtung bis in unsere Zeit weitertransportiert. Dazu gehört die göttliche Erschaffung des Universums – alles Lebendige inbegriffen. Dies wird vor allem in Psalm 104 deut-lich: *„Lobe den HERRN, meine Seele! HERR, mein Gott, du bist sehr groß;[m]it Pracht und Majestät bist du bekleidet, [d]u, der sich in Licht hüllt wie in ein Gewand, [d]er den Himmel ausspannt wie eine Zeltbahn[.]Der Wolken zu seinem Wagen macht [u]nd*

---

[43] Genfer Bibelgesellschaft: Schlachter- Bibel. Genf 2003, Psalm 22, 32

[44] Ebd. Johannes 19, 30

[45] MacDonald William: BBC- Believer´s Bible Commentary - Old Testament. 1992
    Deutsch: Kommentar zum alten Testament. Bielefeld 2005, S. 569f

[46] Lamparter Helmut: Das Buch der Psalmen I. Stuttgart 1961, S. 21f

einherfährt auf den Flügeln des Windes[.] HERR, wie sind deine Werke so viele! Du hast sie alle in Weisheit gemacht, [u]nd die Erde ist erfüllt von deinem Besitz. [] Lobe den HERRN, meine Seele! Hallelujah!"[47]

Weiter wird auch der Mensch als sündbehaftet in seiner Unvollkommenheit beschrieben.

Die geschichtliche Entwicklung des Volkes Israels wird mit eingewoben; durch Gottes Allgegenwart und seinen gesetzlichen Bestimmungen nimmt sie ihren besonderen Verlauf. Denn wie schon angeführt nimmt auch das Gesetz des Herrn, nämlich die zehn Gebote eine zentrale Bedeutung ein.[48] Im Unterschied zu den biblischen Propheten, welche sich streng auf den Buchstaben der zehn Gebote beziehen, haben die Psalmisten intensiv über das Gesetz nachgedacht und es somit im wahrsten Sinne des Wortes lieb gewonnen. Aus diesem Zustand heraus konnten sie die göttlichen Prinzipien in ihre Dichtung mit aufnehmen und zusätzlich das alte Testament mit dem Neuen verbinden.

Die Gottesbeziehung vieler Menschen im Alten Testament war von einer streng reglementierten Haltung gekennzeichnet. Die Psalmisten hingegen fanden nicht in sturem Halten der Gebote ihre Erfüllung, sondern in der freudigen Erkenntnis, dass diese Gebote nicht nur den Willen Gottes repräsentieren, sondern eine persönliche Befreiung von Sünde und somit einen seelischen Frieden bewirken. Diese persönliche Glaubenshaltung der Dichter ist fast schon als neutestamentliches Element zu bezeichnen. Und damit ist ihre Haltung für die Christenheit von großer Bedeutung.[49] Untermauert wird diese Argumentation durch den 165. Vers des Psalm 119, wo der Dichter spricht: *„ Großen Frieden haben, die dein Gesetz lieben, [u]nd nichts bringt sie zu Fall."*[50] Dieser von Gott gegebene Friede steht ihnen über allem irdischen Erfolg. Der im Alten Testament formulierte sowohl befreiende als auch göttliche Gedanke wird im Neuen Testament von Jesus Christus in seiner frohen Botschaft fortgesetzt.

Dabei nehmen auch nach der Himmelfahrt Christi die Apostel Bezug auf diesen überirdischen göttlichen Frieden. So erwähnt Paulus den Gedanke des Friedens, indem er die jungen verfolgten Christengemeinden ermutigt: *„ Und der Friede Gottes, der allen Ver-*

---

[47]Genfer Bibelgesellschaft: Schlachter- Bibel. Genf 2003, Psalm 104

[48] Zuck Roy F. / Walvoord John F. (Hrsg.): The Bible Knowledge Commentary. 1985
       Deutsch: Das alte Testament erklärt und ausgelegt. Neuhausen- Stuttgart 1991, S. 398

[49] Lamparter Helmut: Das Buch der Psalmen I. Stuttgart 1961, S. 21f

[50]Genfer Bibelgesellschaft: Schlachter- Bibel. Genf 2003, Psalm 119, 165

stand übersteigt, wird eure Herzen und eure Gedanken bewahren in Christus Jesus!"[51] Ebenso deutet auch Paulus auf die ewige Hoffnung in Jesus hin, mit dem Unterschied zu den Psalmisten, dass er Jesus als den Messias kennen durfte.

Aber auch er hofft auf die für immer vereinende, aber bis dato noch ausstehende Tatsache der ewigen Gottesherrschaft in Vollkommenheit: *„Die Schöpfung ist nämlich der Vergänglichkeit unterworfen, nicht freiwillig, sondern durch den, der sie unterworfen hat, auf Hoffnung hin, daß auch die Schöpfung selbst befreit werden soll von der Knechtschaft der Sterblichkeit zur Freiheit der Herrlichkeit der Kinder Gottes."*[52] Dies Hoffen steht in Einklang mit der Ewigkeitsformel des 145. Psalm Davids: *„Alle deine Werke werden dich loben, o HERR, [u]nd deine Getreuen dich preisen. Von der Herrlichkeit deines Reiches werden sie reden [u]nd von deiner Macht sprechen, [] [d]ein Reich ist ein Reich für alle Ewigkeiten, [u]nd deine Herrschaft währt durch alle Geschlechter."*[53] Es verbindet die Vergangenheit mit der Gegenwart und blickt in die Zukunft.

---

[51] Genfer Bibelgesellschaft: Schlachter- Bibel. Genf 2003, Philiper 4, 7

[52] Ebd. Römer 8, 21-22

[53] Ebd. Psalm 145, 10-11; 13

Quellenverzeichnis

Literaturverzeichnis

- Fruchtenbaum Arnold G.: Das Leben des Messias Zentrale Ereignisse aus jüdischer Perspektive. Hünfeld 2010
    Deutsch: Rothstein Ulrich. Gummersbach
- Genfer Bibelgesellschaft: Schlachter- Bibel. Genf 2003
- Grünzweig Fritz: Einführung in die biblischen Bücher. Holzgerlingen 2000
- Lamparter Helmut: Das Buch der Psalmen I. Stuttgart 1961
- MacDonald William: BBC- Believer's Bible Commentary- Old Testament. 1992
    Deutsch: Kommentar zum alten Testament. Bielefeld 2005
- Motyer J. Alec / Guthrie Donald (Hrsg.): The New Commentary Revised. Leicester, England 1970
    Deutsch: Brockhaus Kommentar zur Bibel 2. Wuppertal 1980
- Zuck Roy F./ Walvoord John F. (Hrsg.): The Bible Knowledge Commentary. 1985
    Deutsch: Das alte Testament erklärt und ausgelegt. Neuhausen- Stuttgart 1991

Internetadressen

- Bradfort Bill: http://www.gutenachrichten.org/PDF/IN/in200506.pdf (4. 06. 2011)
- Tischner Heinrich: http://www.heinrich-tischner.de/21th/2bibel/exegese/psalm/psalm1.htm (21. 04. 2011)